S A V O I R

accompagner le travail scolaire

Du même auteur :

L'Enfant qui voulait penser, éditions Fabert, Paris, 2005

Collections chez le même éditeur :

Bibliothèque citoyenne

Chant du regard

Choisir son école

Éducation et Sciences

L'école autrement

Le FABERT, tout l'enseignement privé (8 tomes)

Pédagogues du monde entier

Penser le monde de l'enfant

Profs en liberté

Psychothérapies créatives

À paraître dans cette série :

Le manuel pour le collégien

Le manuel pour le lycéen

Éditions Fabert : 107, rue de l'Université – 75007 Paris – France
Tél. : 33 (0) 1 47 05 32 68 – Fax : 33 (0) 1 47 05 05 61
e-mail : editions@fabert.com – http://www.fabert.com

CHRISTINE HENNIQUEAU-MARY
DOMINIQUE THOUIN

SAVOIR

accompagner le travail scolaire

Manuel du passeur de mots

éditions FABERT

Infographie : Marc Autret *(studioeditorial.com)* — Illustrations : Bernard Masson

ISBN 978-2-84922-032-0

SOMMAIRE

LETTRE À L'ACCOMPAGNANT 6

prologue

DES REPÈRES POUR MIEUX AGIR 8

À ÉVITER 15

ateliers

MODE D'EMPLOI 16

01 LE BIEN-LIRE 18

02 LA CONSIGNE 20

03 LE PROBLÈME DE MATHS 22

04 LE PAR-CŒUR (1) 24

05 LE PAR-CŒUR (2) 26

06 LA DICTÉE 28

07 L'APPLICATION D'UN SAVOIR . . . 30

08 LE TEXTE DOCUMENTAIRE 32

09 LE TEXTE LITTÉRAIRE 34

10 LE BIEN-ÉCRIRE 36

épilogue

L'ACCOMPAGNANT RÉCOMPENSÉ . . . 38

LETTRE À L'ACCOMPAGNANT

Vous vous apprêtez à découvrir un guide qui vous aide à accompagner un enfant dans son travail scolaire, à vérifier et soutenir ses compétences ou à pallier ses difficultés.

Peut-être avez-vous déjà tenté de suivre une méthode, lu des ouvrages sur le fonctionnement du cerveau qui comprend et apprend, écouté les conseils d'enseignants ou d'autres accompagnants. Peut-être tout simplement comptez-vous sur le souvenir de pratiques personnelles ou encore sur votre seule bonne volonté et votre désir d'être bienveillant…

J'ai raconté•, il y a deux ans, l'histoire de l'Enfant qui *découvre* les enjeux de la maîtrise des mots et *se découvre* peu à peu comme un être pensant : je souhaitais offrir au lecteur une réflexion sur le rapport vivant que chacun entretient avec sa pensée et avec l'univers des mots. Je l'invitais à penser le rôle essentiel de la voie intellectuelle dans la construction de la personne. Dans ce récit, qu'il faut lire comme une fable, il ne pouvait être question de décrire ma pratique, même si certains épisodes la laissaient entrevoir.

Que ce récit provoque la curiosité et l'attente de « recettes », je le comprends bien. « Mais comment vous y prenez-vous ? Que pouvons-nous faire, nous qui ne sommes pas des enseignants ? Apprenez-nous à aider nos enfants ! », me dit-on bien souvent. À juste titre.

Avec ce guide, je vous donne un mode d'emploi qui fera de votre aide une action fructueuse, un temps de confiance et de réassurance à partager. Vous investirez sur l'avenir en formant le jeune esprit à des procédures qui lui serviront dans toute situation où ses capacités intelligentes seront mobilisées.

En l'ouvrant, sans doute avez-vous déjà remarqué qu'il se présente comme une mise en scène de l'accompagnement scolaire. Deux protagonistes dialoguent : Mamine, grand-mère soucieuse de pédagogie autant que de tendresse, et moi-même, la psychopédagogue qui

• ***L'Enfant qui voulait penser*, Christine Henniqueau-Mary, éd. Fabert.**

> *C'est en comprenant ce que vous faites et dites que vous accompagnerez mieux l'enfant.*

souhaite par-dessus tout informer *sur quoi se fondent* ses propositions pédagogiques. Puis vient une série de petites scènes représentant des situations que vous n'aurez aucun mal à reconnaître ! Toutes visent à présenter l'apprentissage du langage comme le premier support de la pensée.

C'est donc bien une méthode que je vous présente, un outil pour vous accompagner sur le modèle de ce que je pratique moi-même. Que le terme de méthode ne vous trompe pas : s'il est question de procédures dans leur dimension technique, comprenez bien que, au-delà des compétences de l'enfant à l'apprentissage, c'est sa personne tout entière qui se transforme par son développement intellectuel. Il est donc important que vous soyez averti autant des effets spécifiques de telle ou telle procédure que des écueils liés à vos manières habituelles d'aider. Ainsi c'est *en comprenant* ce que vous faites et dites que vous accompagnerez mieux l'enfant.

Tel est mon plus grand souhait. Pour le bien de l'enfant… et le vôtre ! **CHRISTINE HENNIQUEAU-MARY**

DES REPÈRES POUR MIEUX AGIR

MAMINE est une grand-mère qui s'occupe régulièrement de son petit-fils Pierre, dont les parents sont très occupés. Regrettant d'avoir été souvent privée, à l'époque de sa vie active, d'un temps précieux de présence auprès de ses enfants, elle est heureuse de vivre ces moments de partage et d'accompagnement. Elle n'aime pas que le travail vienne les compromettre. Elle est, par ailleurs, bénévole auprès d'enfants en difficultés scolaires.

CHRISTINE, quant à elle, se réjouit de partager sa réflexion et ses « remèdes » de psychopédagogue avec tous ceux qui se sentent engagés dans l'accompagnement scolaire d'un enfant.

Memo

Savoir bien travailler, c'est grandir

MAMINE : Je suis contente d'avoir l'occasion d'accompagner mon petit-fils Pierre dans son travail d'apprentissage scolaire. Mais je me pose beaucoup de questions, certaines bien encombrantes !

CHRISTINE : Le doute est inévitable lorsque l'on sait que cette charge est loin d'être anodine. Les enjeux sont essentiels : il faut que l'aide au travail scolaire vise davantage que la réussite d'un exercice ou la récitation d'une leçon. Il ne suffit pas que le travail soit fait.

M : C'est bien une de mes préoccupations. Je souhaite que mon aide soit l'occasion pour Pierre de grandir. Alors, comment m'y prendre ?

Ch : Grandir, c'est devenir quelqu'un qui comprend. L'aide aux devoirs à la maison doit être l'occasion de participer au développement des capacités qui sont en jeu quand l'esprit doit comprendre, apprendre, utiliser des connaissances, raisonner. L'essentiel est de connaître les procédures qui vont les activer, ainsi que leur spécificité et leurs effets.

M : C'est donc l'intention de ce guide : informer l'accompagnant de ce qui fait que telle ou telle démarche permet de réaliser une tâche avec succès ?

Ch : Oui, il n'y a d'aide efficace que si l'accompagnant sait ce qu'il dit et fait et pourquoi il le dit et le fait. Il doit donc commencer par comprendre pourquoi, en toute bonne foi et sans en avoir conscience, il dit et fait des choses qui vont à l'encontre du résultat qu'il cherche à obtenir.

M : La première étape est donc de s'interroger sur soi-même. Et ensuite ?

Ch : Ensuite, il faut savoir comment la pensée se construit, comment l'acte de comprendre — ce que l'on nomme l'intelligence — fonctionne.

Memo
L'acte de comprendre est éducable

M : Vous parlez d'intelligence?

Ch : Je vois que vous êtes pleine d'appréhension et de méfiance! Il ne faut pas craindre ce terme; au contraire, il faut considérer l'intelligence comme n'importe quelle autre compétence humaine et savoir qu'à ce titre, elle est éducable. Le niveau d'intelligence est en évolution permanente, il y a toujours un progrès à attendre, à provoquer. Mais, là non plus, cela ne se fait pas tout seul. Il faut donc une aide, une médiation par des pratiques à connaître.

M : J'ai constaté une chose : quand Pierre réussit, qu'il passe du «je ne sais pas», ou du «je n'ai rien compris», au «j'ai tout bon!», et son visage est illuminé, il exulte. Cela me ravit mais je me dis que c'est normal, que tout enfant est heureux de réussir.

Ch : Tout enfant, et aussi tout adulte! Vous avez mis l'accent sur le troisième point : avoir conscience que «y arriver» est une expérience de joie. Comprendre est, en effet, jubilatoire. Il existe un lien très fort entre l'activité intellectuelle et la construction de la personne. Grâce à cela, on peut porter sur soi un autre regard. Et les autres aussi vous regardent autrement. Réussir à l'école, c'est donc beaucoup plus qu'acquérir des connaissances et des savoir-faire.

Memo
...et source de joie!

M : Et inversement, ne pas comprendre, échouer alors qu'on croyait connaître, rester bloqué devant une consigne...?

Ch : Oui, on reste sans mots quand l'adulte vous demande de parler.

M : C'est une vraie souffrance, n'est-ce pas? Plusieurs fois, Pierre s'est mis à pleurer. Parfois, il se met en colère, m'accusant de ne pas savoir m'y prendre, ajoutant que la maîtresse n'explique pas comme cela, que ce sera de ma faute s'il rate son contrôle.

Ch : Avoir conscience de montrer sa faiblesse, ses manques, surtout dans une relation aux enjeux affectifs forts, crée une vraie souffrance. Trop d'enfants, à l'âge des rires, en connaissent les effets ravageurs. Il ne faut pas se tromper sur les manifestations de désintérêt, fuite, agitation, colère... la panoplie est grande. Derrière il y a de la souffrance!

La chose essentielle à savoir : plus de compétence dans le langage, c'est plus de compétence dans la pensée, plus d'intelligence.

M : Qu'est-ce qui peut les rassurer sur leurs capacités?

Ch : Il faut savoir cette chose essentielle : plus on a de compétence dans le langage, plus on a de compétence dans la pensée, c'est-à-dire d'intelligence. Et réciproquement. Toute notre culture, et donc l'école, repose sur l'activité intellectuelle de « la pensée langagière ».

M : C'est pourquoi vous avez fait du travail sur les mots un instrument au service des difficultés d'apprentissage de l'enfant?

Ch : Pas seulement en cas de difficultés : on gagne toujours à avoir une conscience claire de ce *pourquoi* on comprend et raisonne juste, de ce *pourquoi* on a réussi. Ainsi, l'enfant qui a réussi une tâche pourra utiliser les mêmes processus mentaux pour une autre tâche, et il la réussira aussi. On oublie de dire aux enfants quelle activité mentale ils doivent faire intervenir pour que leur intelligence produise la bonne réponse. Et l'instrument de cette activité mentale, c'est le langage.

M : Nous ne serons donc de bons accompagnants que si nous savons précisément quel travail sur les mots il faut faire pour « penser juste »?

Ch : Exactement. Dans le domaine du langage, l'adulte croit que son rôle se limite à la transmission du vocabulaire ou à la correction d'une phrase. Le problème vient de ce qu'il a l'illusion que le sens

Memo

Faire face aux souffrances de l'échec...

Memo

...en accompagnant le travail sur les mots

Memo

Prendre conscience des actes mentaux

apparaît spontanément à l'enfant, dès lors qu'il n'y a pas de mots difficiles! Il croit qu'il suffit qu'il lise pour que le sens jaillisse. Cette illusion est à l'origine de bien des malentendus qui rendent souvent l'aide… illusoire.

M : Pouvez-vous nous donner quelques informations sur les relations entre le langage et la pensée?

Ch : La pensée concernée par le travail intellectuel — d'autres formes de pensée sont concernées par le jeu, la création artistique, etc. — fonctionne avec et par le langage. Cette pensée est l'outil principal qui permet de donner un sens aux informations que l'on reçoit. À l'école, c'est avec des mots que les définitions, les règles et les raisonnements sont formulés et enseignés. C'est avec des mots que l'enseignant interroge, explique, corrige le travail de l'enfant.

Memo

Travailler sur les mots permet de "penser juste"

Mais on ne songe pas à éduquer aux mots en dehors de l'apprentissage de la lecture. Or, toute situation d'apprentissage nécessite la compréhension et l'utilisation des mots; toute situation d'apprentissage et de soutien scolaire offre donc l'occasion d'éduquer au fonctionnement du langage : une leçon de sciences, la découverte d'une règle d'orthographe, une consigne de problème mathématique, une définition… C'est en le guidant, en amont des réponses au travail demandé, dans *l'expérience directe* des mécanismes du langage, que vous ferez de lui un «être pensant», autonome. C'est en lui apprenant à structurer sa pensée, en lui montrant comment l'intelligence procède pour construire le sens, que vous lèverez les obstacles à son apprentissage.

Memo

Maîtriser le langage pour structurer la pensée

M : Ce qui empêche donc l'enfant de réussir, c'est qu'il ne donne pas de sens aux mots?

Ch : Oui. Ce n'est pas seulement qu'il manque de mots, de vocabulaire; c'est surtout qu'il ne perçoit pas que le sens est tout entier contenu dans les mots, et qu'il faut aller le chercher. Et s'il le cherche, il le trouve! Car c'est un principe universel : on trouve ce qu'on s'attend à trouver. Faute de quoi, il ne peut pas comprendre le sens d'une règle, et donc il ne peut pas l'appliquer; il répond à côté de la

consigne; il ne peut pas mémoriser une information sans la dénaturer ou la tronquer de l'essentiel. Survient alors la spirale de l'échec, il est stigmatisé comme un «cas difficile».

M : Il est, en effet, confronté sans cesse aux mots des autres : les auteurs de textes. Leçon, règle, problème de maths, tout est texte. Ce travail sur les mots des autres aura-t-il un bon effet sur sa production écrite?

Ch : Vous posez là une relation essentielle. C'est une contrainte que d'avoir à retrouver dans les mots des autres ce qu'ils ont voulu dire. Et pour de très nombreux enfants, c'est bien là le problème : ces mots ne sont pas pour eux, le contact est rompu entre eux et les autres, et cette séparation devient, en s'aggravant, une difficulté majeure. En travaillant dès le plus jeune âge à décoder les mots et les groupes de mots pour en extraire le sens, l'enfant améliore *simultanément* sa capacité à écrire.

M : Avant d'entrer dans la pratique, dites-moi comment nommer ce savoir-faire, ce travail d'accompagnement à la maîtrise du langage?

Memo

Repérer d'abord le manque de mots

Il faut travailler à décoder les mots pour en extraire le sens.

Memo
Bien lire pour bien écrire

Ch : C'est un acte de médiation. Vous êtes un médiateur, comme d'autres sont des médiateurs familiaux ou juridiques. La pratique que je vous propose est celle de la MÉDIATION LINGUISTIQUE. Comme les poètes, nous sommes des «passeurs de mots». Nous montrons comment les mots sont porteurs des significations qui, ensemble, forment, non pas un sens, mais LE sens que l'auteur des mots y a mis. Pour cela, il a utilisé les signes propres au langage : les mots, leurs relations, leur place dans la phrase, la ponctuation… Tout est signe! Le médiateur est alors un «montreur de signes»; il est comme le guide d'une exposition de tableaux qui donne à voir, dans les couleurs, dans la composition, dans les contrastes travaillés par le peintre, ce que le visiteur ne voit pas d'emblée ou n'a pas les moyens de voir. Mais guidé, il voit de mieux en mieux.

M : Il y aurait donc moyen de réduire certaines inégalités?

Memo
Être un "montreur de signes"

Ch : Le langage est universel : nous sommes tous des êtres de langage et de pensée. Cette réalité donne à notre fonction sa dimension éthique : chaque être humain, quel que soit son niveau, a un potentiel à développer. Sinon, il s'atrophie. C'est un devoir pour l'adulte de développer celui de l'enfant. Car plus les années passent, plus les difficultés s'accroissent. L'idéal est donc de commencer tôt pour donner les bonnes HABITUDES MENTALES.

M : Je sais désormais pourquoi et au nom de quoi je vais accompagner le travail de Pierre. Passons à l'action, je vous suis!

À ÉVITER

POURQUOI CE QU'ON LUI DIT NE FONCTIONNE PAS

MODE D'EMPLOI

Vous allez maintenant vivre les situations auxquelles tout élève est régulièrement confronté lors de ses devoirs. Voici, pour chacune des dix situations présentées, le mode d'emploi de la « médiation linguistique ». Vous rencontrerez donc, chaque fois, les rubriques suivantes :

ATTENTION : PARASITES !

L'esprit de l'enfant est souvent encombré par des croyances et des craintes irrationnelles qui font obstacle à l'efficacité de son travail intellectuel.

Il est indispensable que l'accompagnant soit informé de ces « parasites » fauteurs de troubles : accompagner un enfant dans ses devoirs suppose de se mettre le plus possible à sa place, d'être « dans sa tête ». Il faut agir là où ça ne va pas : en amont.

Il pourra ainsi prendre en compte ces obstacles pour mieux les contourner : finis les conflits répétitifs et les inquiétudes corrosives sur ses capacités ou sa motivation !

LES FAUSSES BONNES PRATIQUES DE MAMINE !

De même l'accompagnant, pourtant plein de bonne volonté, utilise des pratiques héritées de ses propres habitudes ou de ses croyances sur les activités mentales mises en jeu dans le travail scolaire.

Il est essentiel, là aussi, de savoir pourquoi ces « bonnes pratiques » sont peu productives ou peuvent même empêcher le développement de l'autonomie de l'enfant.

LE SENS EST DANS LES MOTS

Quelle que soit la matière, les devoirs reposent sur des mots; la pratique d'accompagnement est donc fondée sur le travail du sens contenu dans ces mots (= DÉCODER).

Pour chacune des situations, vous verrez comment ce sens est présent dans les mots et comment sensibiliser l'enfant à cette présence (= MÉDIATION) pour qu'il fasse de la construction du sens une habitude mentale.

Ainsi, *chercher des indices* est l'acte même qui permet cette construction et *améliore la pensée*; on raisonne mieux, on comprend mieux, on apprend mieux par cœur.

PRUDENCE!

Pour chaque situation, il est utile d'avertir l'adulte de ce qui existe dans l'esprit d'un enfant mis à l'épreuve — dans tous les sens du terme ! — du travail scolaire!

LE BONUS

À la fin de chaque situation, on insistera sur ce que votre accompagnement aura développé chez l'enfant.

C'est une bonne façon de vous encourager à ne pas céder à l'enfant... pressé d'en finir avec ses devoirs!

atelier **01**

LE BIEN-LIRE

SAVOIR ACCOMPAGNER POUR… **connaître les règles du langage qui donnent le sens pour comprendre ce qu'on lit; pour comprendre ce que l'auteur a voulu dire (= INTENTION).**

À la fin d'une page, ne vous êtes-vous jamais demandé vous-même ce que vous veniez de lire?

Déchiffrer n'est pas comprendre. Distinguons la lecture-déchiffrage et la lecture-compréhension. L'apprentissage par la lecture syllabique n'empêche pas l'activité du décryptage des significations.

ATTENTION : PARASITES!

■ Dès les premiers mots, l'enfant lit sans avoir pour objectif de rechercher les informations, toutes et dans l'ordre. Il ne pourra pas restituer un texte, même court. Sa mémoire intelligente est restée en panne…

■ L'enfant peut vite prendre l'habitude de lire, de déchiffrer les lettres, de décoder les signes, sans avoir la conscience du sens.

■ Si, malgré les années d'apprentissage, le déchiffrage des mots reste malaisé, la compréhension ne peut pas avoir lieu :
– l'enfant aura tendance à fuir toute situation qui lui donne un sentiment d'impuissance;
– le problème s'aggrave souvent insidieusement et donc à l'insu des adultes.

Exprimer soi-même (= VERBALISER) produit plus de conscience, donc plus de pensée active.

LES FAUSSES BONNES PRATIQUES DE MAMINE

■ Lire à sa place en pensant que votre lecture correcte (ton, détachement des mots…) rendra le texte intelligible et qu'il en maîtrisera instantanément le sens.

Or il reste passif.

■ Croire que parce qu'il déchiffre correctement, il donne du sens à ce qu'il lit.

Or cette aisance peut être trompeuse. La prise de conscience du sens n'est pas forcément activée.

■ Lui dire : *« Lis (ou relis) et essaie de comprendre ce que tu lis. »*

Or il ne sait pas comment l'esprit s'y prend pour comprendre (= procédure de la lecture-compréhension).

PRUDENCE ***Un seul mot lui échappe et c'est tout l'ensemble que l'enfant ne comprend pas.***

LE SENS EST DANS LES MOTS!

Cherchons les indices…

Dans un texte, quelle que soit sa nature, TOUT EST SIGNE : l'auteur écrit pour transmettre un message et pour que son lecteur ne puisse pas se tromper sur sa signification.

L'auteur est donc contraint de respecter :

- le sens des mots qu'il utilise :
  = LE VOCABULAIRE
- les règles de construction entre les différents mots de la phrase :
  = LA SYNTAXE

Ce sont les outils pour se faire comprendre. La lecture-compréhension est une rencontre heureuse : entre l'auteur et le lecteur, pas de malentendu!

…pour mieux penser!

Comment se déroule le processus du BIEN-LIRE chez un lecteur actif?

- Avant de lire le texte, chercher tous les indices qui préviennent de son sens : une introduction, un titre, le contexte donné par la situation des notes informatives entourant le texte : = orienter sa lecture.
- Se donner pour objectif de prendre conscience (= mieux mémoriser) des informations contenues dans les mots, dans l'ordre de leur apparition.
- Faire des hypothèses sur la suite d'une signification (anticiper) et faire des liens par des retours en arrière qui confirment ou infirment ces hypothèses.
- Interroger la nature et la fonction d'une information : indique-t-elle une date? un lieu? une explication, un but, une opposition avec un fait énoncé précédemment?…

Entraîné à l'utilisation de ces outils, l'enfant qui lit bien est comme entré dans la pensée de l'auteur, et il peut se l'approprier. L'enfant pense la pensée d'un autre!

Développer sa capacité à comprendre, c'est développer sa propre pensée. Ainsi apprendre les lois du langage pour parler et écrire, c'est apprendre à comprendre, et c'est apprendre à penser.

EXEMPLE (CE1)

SCIENCES NATURELLES : ÉTUDE DES CORPS

Consigne : tu as sur ta table un morceau de sucre. Observe et exprime en une phrase ta conclusion.

LA MÉDIATION

***Chercher les indices pour habituer l'enfant à* ORIENTER LA LECTURE**

Q. As-tu des indices qui te mettent sur la voie pour répondre à la consigne ?

R. Le titre (*étude des corps*) m'indique le sujet de la leçon.

Q. Sais-tu ce que ton enseignant attend ? (= ORIENTER son BIEN-LIRE).

R. Que je dise quel corps est le morceau de sucre : solide, liquide ou gazeux.

LES BONS OUTILS

Rappelez-lui : *« cherche les indices de sens* AVANT *de lire la consigne ».*

▶ Sans ce BON GESTE, l'objet familier (le sucre) égare l'enfant; il observe seulement — et bien ! — ses caractéristiques : blanc, rectangulaire, doux, des petits grains…

EXEMPLE (CE2)

INSTRUCTION CIVIQUE

Le président de la République est le chef de l'État. Il est élu pour cinq ans par tous les Français âgés de plus de 18 ans. Il nomme le Premier ministre et préside chaque semaine le Conseil des ministres.

LA MÉDIATION

***Chercher les indices pour habituer l'enfant* À ANTICIPER ET À RELIER LES INFORMATIONS, tout en lisant.**

Je lis : *Le président de la République est le chef de l'État…* J'ANTICIPE : *« Comment devient-il chef de l'État ? Ce sera peut-être dit après »…*

Je lis : *Il est élu…* J'ANTICIPE : « On va savoir pour combien de temps et par qui ? »

Je lis : *…pour cinq ans, par tous les Français âgés de plus de dix-huit ans…* J'ANTICIPE : *« Et que fait-il, quel est son rôle ? »…*

Je lis : *Il nomme le Premier ministre. Il préside chaque semaine le Conseil des ministres…* Je RELIE à ce qui précède : *présider* et *président*, c'est la même famille !

LES BONS OUTILS

▶ Tout texte est une suite d'informations qui produit du sens par leur organisation logique.

Aidez-le à voir ce qu'il ne voit pas : les mots se répondent. Activez sa compréhension, par exemple : *« dans quel mot précédent as-tu déjà vu cette idée ? »*

Il se sentira RASSURÉ par la COHÉRENCE de ce qu'il lit.

EXEMPLE (CM1)

GÉOGRAPHIE

Il y a 10 000 ans, le Sahara était couvert de végétation. Les habitants y élevaient des troupeaux. Mais les pluies se firent plus rares, et peu à peu il est devenu un désert.

LA MÉDIATION

***Chercher les indices pour habituer l'enfant à* IDENTIFIER LES LIENS LOGIQUES entre deux informations.**

…Troupeaux ⇔ *végétation* : c'est PARCE QU'il y avait de la végétation que les hommes pouvaient faire de l'élevage d'animaux, qui s'en nourrissaient : *les troupeaux* sont la CONSÉQUENCE de *végétation.*

…Mais : on va lire quelque chose qui S'OPPOSE à ce qu'on vient d'apprendre. *Les pluies plus rares* s'opposent à *végétation,* parce que sans pluie, pas de végétation.

…Et le Sahara s'est transformé en *désert* : c'est la CONSÉQUENCE des pluies de plus en plus rares.

LES BONS OUTILS

Habituez-le à pratiquer CONSCIEMMENT cette gymnastique mentale à la PREMIÈRE lecture d'un texte, PENDANT QU'IL DÉCHIFFRE. *(voir atelier « Le texte documentaire »)*

LE BONUS

L'enfant qui ne dit plus « quand je lis, j'comprends rien » est réconcilié avec la culture de l'écrit.

atelier 02

LA CONSIGNE

SAVOIR ACCOMPAGNER POUR… **bien lire les différents éléments de l'énoncé pour appliquer ce que l'on connaît déjà à une nouvelle situation et respecter les différentes demandes.**

ATTENTION : PARASITES !

■ L'enfant lit la consigne de façon erronée (un mot à la place d'un autre, un mot non lu), ou de façon mécanique. Il ne sait pas redire mot pour mot toute la consigne sans son support.

■ Il s'attend à ce que soit « difficile », il soupçonne un piège.

■ *« Je vais encore avoir une mauvaise note »* (répétition de l'échec).

■ Trop souvent (et particulièrement en situation d'évaluation à l'école) il ne fait pas spontanément le lien avec ce qu'il a pourtant appris et dont il dit lui-même : *« Je le savais. »* Et il répond « à côté » !

LES FAUSSES BONNES PRATIQUES DE MAMINE

■ *« Lis bien la consigne ! »*

Or maîtrise-t-il la procédure du BIEN LIRE ?

■ Lire avec lui ou à sa place.

Or pendant ce temps, son esprit reste passif, et il « subit » la situation.

■ Lui dire que c'est facile, qu'il sait le faire.

Or mieux vaut lui donner la procédure (= l'activité mentale par laquelle l'esprit construit le sens).

■ Exprimer ce qu'on attend de lui d'une façon que l'on estime rassurante et motivante : *« Tu vois, il faut que tu… »*

Or c'est de la construction même du sens que vous le privez.

■ Lui donner le savoir-outil (règle, définition, formule…), ou même le lui demander, croyant qu'il agira plus efficacement et plus vite.

Or pour être autonome le jour d'une évaluation, il doit procéder d'abord à cette interrogation sur le savoir-outil *et cela sans sollicitation.*

■ Croire qu'il suffit de donner une fois une information nécessaire.

Or pour la maîtriser, il doit la reformuler lui-même et à chaque fois.

LE SENS EST DANS LES MOTS !

Cherchons les indices…

Une consigne est un texte dont les mots contiennent :

- ce que l'enfant est en train d'apprendre (une règle, une définition, une formule, une information de culture générale…) et sur lequel porte l'exercice ;
- ce qu'il sait déjà et qui constitue un outil pour construire la réponse ;
- l'acte ou les actes à produire : verbe conjugué (*tu* ou *je*…), à l'infinitif ou à l'impératif ;
- un (des) moyen(s) à utiliser ;
- une quantité à produire ;
- « l'inconnu », à construire et exprimer : les mots interrogatifs.

…pour mieux penser !

On peut alors :

- s'interroger sur l'objectif de la consigne ;
- se donner les bons outils ;
- respecter l'ensemble de la consigne ;
- se donner les termes justes qui constitueront la réponse.

PRUDENCE ***Dans un exercice où est répétée la même procédure, il arrive que l'enfant « lâche ses outils » sans s'en rendre compte : ce relâchement de l'attention est dû à un sentiment de sécurité prématuré.***

EXEMPLE (CE2)

GRAMMAIRE

Dans les groupes nominaux ci-dessous, j'identifie l'adjectif. Je construis ensuite une phrase dans laquelle cet adjectif est attribut.

Une chaleur lourde; des nuages menaçants; des vergers dévastés

LA MÉDIATION

***Chercher les indices pour habituer l'enfant à* IDENTIFIER LE RÔLE DE CHAQUE MOT**

Q. Quels sont les mots qui désignent ce que tu sais déjà?

R. *Groupe nominal – adjectif.*

Q. Quels sont les mots qui désignent ce que tu es en train d'apprendre?

R. *L'adjectif attribut.*

Q. Dis-moi dans quelle situation l'adjectif est attribut (= SAVOIR-OUTIL).

R. L'adjectif est attribut quand il est séparé du nom qu'il qualifie par un verbe d'état (*être* ou un de ses synonymes).

Q. Quels mots indiquent ce que tu dois faire ?

R. *J'identifie* (l'adjectif) – *je construis* une phrase.

EXEMPLE (CM1)

LEÇON D'HISTOIRE

Henri IV était protestant, mais il se convertit au catholicisme pour être accepté par tous les Français. En 1598, il signe l'Édit de Nantes qui a accordé la liberté religieuse aux protestants. Il meurt assassiné en 1610.

Consigne : qu'a apporté l'Édit de Nantes aux protestants?

LA MÉDIATION

***Chercher les indices pour habituer l'enfant à* IDENTIFIER LE RÔLE DE CHAQUE MOT.**

Q. Quels mots indiquent ce que tu dois découvrir?

R. *Qu'a apporté.*

Q. Quel sens donnes-tu à *apporter*? Observe la présence des mêmes mots, utilisés dans la consigne et dans le texte.

R. *Édit de Nantes* et *protestants.*

Q. Quel mot dans le texte correspond au sens de *a apporté*?

R. *A accordé.*

EXEMPLE (CP)

GÉOMÉTRIE

Trace avec ta règle la droite qui passe par les 2 points.

Place un point sur la droite tracée.

Complète la phrase : ***les 3 points sont…***

LA MÉDIATION

***Chercher les indices pour habituer l'enfant à* IDENTIFIER LE RÔLE DE CHAQUE MOT.**

Q. Quel mot désigne ce que tu es en train d'apprendre?

R. *Droite.*

Q. Quels sont les mots qui t'indiquent l'endroit de la figure où tu dois placer un point?

R. *Sur la droite.*

Q. Quelle figure forme la droite que tu as tracée?

R. Une ligne.

Q. Que peux-tu dire sur les trois points par rapport à cette ligne?

R. Ils sont tous les trois sur la ligne.

Q. Quel mot as-tu appris qui te l'indique?

R. *Alignés.*

LES BONS OUTILS

Montrez le plus possible à l'enfant la composition d'un mot : *a-lign(e)-é*. Le composant «ligne» porte le sens principal.

LE BONUS

Remède à l'étourderie : en soulignant le rôle de TOUS les mots de la consigne, l'enfant développe sa capacité à être dans la réalité.

atelier **03**

LE PROBLÈME DE MATHS

SAVOIR ACCOMPAGNER POUR… comprendre quel raisonnement tenir, en déduire les opérations à faire et les outils à appliquer et effectuer les bons calculs.

ATTENTION : PARASITES !

- L'enfant lit l'énoncé sans donner aux informations leur sens (= INTERPRÉTER), nécessaire pour construire le raisonnement.
- Pendant qu'il déchiffre la consigne, il ne pense qu'à l'opération à faire.
- Dans une suite d'informations, l'esprit est vite saturé. Les mots sont vides de sens.

LES FAUSSES BONNES PRATIQUES DE MAMINE

- Répéter : *« Lis bien la consigne ! »*

Or maîtrise-t-il le BIEN LIRE ?

- Demander après la lecture des questions : *« Quelle opération dois-tu faire ? »*

Or il ne peut identifier l'opération qui convient sans avoir travaillé les mots de l'énoncé.

- Interpréter les informations soi-même, dans l'idée de le mener vers le bon raisonnement.

Or c'est de la recherche même du sens que vous le privez.

LE SENS EST DANS LES MOTS !

Cherchons les indices…

Le problème de maths constitue un texte, qui raconte une petite histoire. Le rédacteur de cette histoire pose les éléments de la situation. Les mots contiennent les DONNÉES du problème :

- les uns donnent les informations sur la situation ;
- d'autres désignent des nombres qui indiquent le prix, la quantité, la fréquence, la mesure, la durée ou encore le poids ;
- et d'autres induisent l'opération à faire.

Prendre conscience de chacune des données, l'une après l'autre — les reformuler aide à cette prise de conscience —, c'est retrouver les informations qui décrivent la situation (= LECTURE ACTIVE).

…pour mieux penser !

On peut alors :

- formuler les questions qu'on peut se poser à partir des données :
  - des questions dont les réponses sont les informations à prendre en compte ;
  - des questions qui constituent le raisonnement à tenir.
- regrouper les informations pour trouver les questions intermédiaires à se poser ;
- et ainsi trouver les bonnes opérations qui mènent à la solution.

PRUDENCE ***Un seul mot lui échappe et c'est tout l'ensemble que l'enfant ne comprend pas.***

EXEMPLE (CE2)

PROBLÈME

Pour le projet de classe de mer de 24 élèves, une mairie donne 150 € à une école. L'enseignant souhaite acheter une casquette et un tee-shirt identiques pour chaque élève, et aussi un guide illustré sur la région d'une valeur de 25 €. Le tee-shirt vaut 8 €, la casquette 5 €.

Combien l'école devra-t-elle rajouter pour ces dépenses ?

LA MÉDIATION

Chercher les indices pour habituer l'enfant à* IDENTIFIER LES DONNÉES *contenues dans chacun des mots d'un énoncé.

Q. Quels mots informent sur la situation ?

R. *Donne – acheter.*

Q. Quels sont les mots-nombres ? Et sur quel élément de l'histoire chacun de ces nombres donne-t-il une information ?

R. *150 €* donnés par la mairie ; *24* élèves ; *un* guide ; *25 €* le guide ; *8 €* le tee-shirt ; *5 €* la casquette.

Q. Connais-tu le nombre de casquettes et de tee-shirts à acheter ?

Q. Quels mots te permettent de regrouper les informations ?

R. Les coordinations *et – et aussi.*

Q. Quelles questions intermédiaires peux-tu donc poser ? Et quelles opérations as-tu à faire ?

R. Combien faut-il de casquettes et de tee-shirts ? = ADDITION. Combien vont-ils coûter ? = MULTIPLICATION. Combien l'école va-t-elle dépenser ? = ADDITION.

Q. Y a-t-il un mot qui te dit l'opération à poser pour répondre à la dernière question (= SOLUTION DU PROBLÈME) ?

R. Le mot *rajouter* qui indique qu'il MANQUE de l'argent.

Il faudra donc faire une SOUSTRACTION.

LES BONS OUTILS

N'oubliez pas ! L'enfant a besoin de rendre CONSCIENTES les informations, une par une et dans leur ordre.

C'est le questionnement et la reformulation qui créent cette conscience.

EXEMPLE (CM2)

PROBLÈME

Quatre amis décident de partir ensemble de Paris à Périgueux. La distance à parcourir est de 500 km et la voiture consomme 10 litres aux 100 km. Ils savent que le péage d'autoroute leur coûtera 21 € et prévoient 10 € par personne pour les sandwiches et les boissons. L'essence coûte 1,38 € le litre. Mais la veille du départ, l'un d'eux se casse une jambe et renonce à partir.

Quelle sera, par personne, la dépense à prévoir pour ce voyage ?

LA MÉDIATION

Chercher les indices pour habituer l'enfant à* IDENTIFIER LES DONNÉES *contenues dans chacun des mots d'un énoncé.

Q. Quels mots informent sur la situation ?

R. *Partir ensemble ; la distance ; la voiture et l'essence ; le péage ; les sandwiches et boissons ; l'un d'eux renonce à partir.*

Q. Quels sonts les mots-nombres et sur quel élément de l'histoire chacun d'eux donne-t-il une information ? Par quel mot sont-ils reliés (= LIEN GRAMMATICAL QUI LES REND INDISSOCIABLES) ? Reformule l'information.

R. Ex. : *10 litres aux 100 km* = 100 km font consommer 10 litres d'essence…

Q. Quels mots te permettent de regrouper les informations ?

R. Ex. : *litre* (10 litres aux 100 km et 1,38 € le litre) ; *4 amis* et un qui ne part pas.

Q. Quelles questions intermédiaires peux-tu donc poser ?

R. Quelle est la consommation d'essence ? quelle est la dépense pour l'essence ? combien d'amis partent en définitive ? quelle sera la dépense totale ?

Q. Quel mot t'indique l'opération à faire pour répondre à la question finale ?

R. *Par personne,* qui indique que l'on cherche la VALEUR D'UNE PART.

Il faudra donc faire une DIVISION.

LE BONUS

L'enfant qui ne dit plus « quand je lis, j'comprends rien » est réconcilié avec la culture de l'écrit.

atelier 04

LE PAR-CŒUR (1)

APPRENDRE UNE DÉFINITION, UNE RÈGLE, UNE INFORMATION EN HISTOIRE, GÉOGRAPHIE ET SCIENCES

SAVOIR ACCOMPAGNER POUR… comprendre le sens d'une notion (définition), d'une règle ou d'une information de culture générale, les mémoriser et en faire de bons outils.

ATTENTION : PARASITES !

■ L'enfant cherche à «mettre dans sa tête» les mots comme une éponge absorbe l'eau.

■ Il est en effet capable de réciter parfaitement la définition ou la règle à son accompagnant.

■ En difficulté pour s'en souvenir le lendemain, il en déduit qu'il n'a pas de mémoire.

■ Son activité d'apprentissage peut alors être entravée ou inhibée par son sentiment d'impuissance : *«Je suis nul(le).»*

LES FAUSSES BONNES PRATIQUES DE MAMINE

■ Exiger, sans avoir travaillé le sens des mots : *« Tu dois savoir ça par cœur, au mot près.»*

Or travailler les mots du texte à apprendre par cœur est la seule activité qui lui permettra d'énoncer tout le sens et de dire avec une certaine jubilation : *«Je sais ce que je dis»* (= CONSCIENCE DU SENS).

■ À l'inverse, le rassurer : *« Tu peux le dire avec tes mots»*, croyant qu'ainsi la preuve sera faite de sa bonne compréhension et mémorisation.

Or il ne possède pas les mots pour le dire : il faut parfaitement maîtriser sa langue pour le dire autrement, avec la même rigueur.

■ Accepter qu'il dise : *«Je sais, mais je ne sais pas le dire.»*

Or accepter cela c'est le laisser dans l'approximation ou le non-sens.

LE SENS EST DANS LES MOTS !

Cherchons les indices…

Les mots construisent le sens d'une définition, d'une règle, d'une information. Ils ont été travaillés par leur auteur pour contenir ce sens-là, et avec la plus grande rigueur. C'est lui qui est à retrouver tel quel, de façon parfaitement objective : tout le monde doit comprendre la même chose.

Les indices sont donc donnés par :

- le VOCABULAIRE : le sens que chaque mot possède par lui-même et le sens qu'il prend par le contexte;
- la SYNTAXE produite par l'assemblage logique des mots.

…pour mieux penser !

On peut alors :

- comprendre ce qu'on doit mémoriser;
- développer sa capacité à mémoriser en s'exerçant à la construction du sens;
- utiliser un outil bien construit.

PRUDENCE ***Un seul mot manque quand l'enfant récite sa leçon et l'utilisation de l'outil risque d'être compromise.***

MODÈLES DE MÉDIATION

EXEMPLES (CE2)

LA DÉFINITION (GRAMMAIRE)

Le complément d'objet direct est une fonction essentielle du verbe ; il fait partie du groupe verbal.

*Ex. : **Mon chat surveille l'oiseau dans sa cage.***

LA DÉFINITION (GÉOMÉTRIE)

Le rectangle est un quadrilatère, qui possède quatre angles et des côtés opposés égaux et parallèles.

LA MÉDIATION

Chercher les indices pour habituer l'enfant à* IDENTIFIER TOUS LES ÉLÉMENTS QUI COMPOSENT LE SENS, *rassemblés sous une même étiquette (*COD *= le mot juste)

Q. Quelle information complète l'énoncé : *le chat surveille...* ?

R. *L'oiseau.*

L'oiseau est donc complément du verbe *surveiller.* L'oiseau est surveillé par le chat (= OBJET DE L'ACTION) ; c'est-à-dire qu'il subit l'action faite par le chat (= SUJET DE L'ACTION). Il fait partie d'un groupe dont le chef de groupe est le verbe (= GROUPE VERBAL).

Q. Sans le mot *oiseau,* serait-on bien informé ?

R. On ne saurait pas qui est surveillé.

C'est pourquoi, la fonction COD est *essentielle.*

Q. Le verbe surveiller s'emploie-t-il avec ou sans *à* ou *de* (= PRÉPOSITIONS) pour introduire l'objet ?

R. Sans : *surveiller l'oiseau.* On passe donc directement du verbe à l'objet.

Chaque élément a son nom, chaque mot est nécessaire.

LES BONS OUTILS

▶ Montrez-lui que toute notion (le COD, le rectangle...) reçoit son nom à partir des éléments qui en composent le sens.

Pour trouver le COD, faites-lui poser la question : *Qu'est-ce qui est* (aimé, entendu, pris, etc.) par le sujet de l'action ?

EXEMPLE (CP/CE1)

LA RÈGLE

Pour additionner en décomposant les nombres, je calcule en regroupant entre elles les dizaines et les unités. Ainsi : 15+12 = 10+5+10+2 = 10+10+5+2 = 20+7 = 27

LA MÉDIATION

Chercher les indices pour habituer l'enfant à voir que chaque mot doit* RECEVOIR SON SENS *(ex. : dizaine, unité), et que* L'ORDRE DES MOTS *est impératif.

LES BONS OUTILS

▶ Montrez-lui qu'à un mot près, la définition comme la règle peut être fausse et inutilisable.

EXEMPLE (CM1)

TEXTE DE CULTURE GÉNÉRALE (SCIENCES NATURELLES)

Le cœur se contracte en un rythme régulier : il fait ainsi circuler le sang dans tout l'organisme, à l'intérieur des vaisseaux (artères, veines, capillaires). Le sang apporte à tous nos organes l'oxygène et des substances nutritives, dont ils ont besoin.

LA MÉDIATION

***Chercher les indices pour montrer à l'enfant que chaque information est* LA RÉPONSE À UNE QUESTION.**

Quelles questions peux-tu poser pour obtenir :

– Il fait circuler le sang.
R. *Quel est le rôle du cœur ?*
– Il se contracte en un rythme régulier.
R. *De quelle manière fait-il circuler le sang ?*
– Dans tout l'organisme, à l'intérieur des vaisseaux.
R. *Où circule le sang ?*
– Artères, veines, capillaires.
R. *Quels sont les différents vaisseaux ?*
– Pour apporter aux organes ce dont ils ont besoin.
R. *Dans quel but le sang circule-t-il ?*
– L'oxygène et des substances nutritives.
R. *De quoi ont besoin nos organes ?*

LES BONS OUTILS

En prenant conscience des informations une à une, on évite l'effet de SATURATION, et donc la CONFUSION.

▶ Vérifiez SYSTÉMATIQUEMENT sa maîtrise du sens des mots, sans oublier ceux que l'on dit « simples » !

LE BONUS

Faire dire aux mots le sens qu'ils portent et s'apportent les uns aux autres, c'est mieux comprendre et mieux mémoriser. « Je sais ce que je dis » est une expérience de joie. L'enfant comprendra mieux les exigences de rigueur et de précision !

atelier **05**

LE PAR-CŒUR (2)

APPRENDRE UNE FORMULE, UN MOT D'USAGE, UNE CONJUGAISON, UN SCHÉMA

Pour une FORMULE : mémoriser des lettres, des chiffres et des symboles.

Pour un MOT D'USAGE et une CONJUGAISON : mémoriser des lettres.

Pour un SCHÉMA : mémoriser des dessins, des symboles et des mots.

SAVOIR ACCOMPAGNER POUR… **traduire en mots des connaissances exprimées soit en signes non verbaux (+, –, >, …), soit en signes-lettres, les interpréter par des mots justes et en faire de bons outils.**

ATTENTION : PARASITES !

- L'enfant peut réciter les signes de l'écriture mathématique et symbolique sans restituer le sens contenu dans le mot.
- Le fait même que ces savoirs s'expriment en signes non verbaux lui donne l'illusion d'une mémorisation facile.
- Pour la conjugaison, il récite mécaniquement, sans réelle conscience du « pourquoi » des changements ou des terminaisons exceptionnelles.

LES FAUSSES BONNES PRATIQUES DE MAMINE

- Accepter que l'enfant énonce les formules sans exprimer leur sens précis.

Or sa mémoire travaille efficacement avec l'intelligence du sens. Et l'utilisation de ces outils sera d'autant plus juste qu'il pourra mettre les bons mots sur leurs significations.

- Croire que lui faire mettre par écrit ce qu'il vient d'apprendre suffit.

Or si le passage par l'écrit est intéressant, l'ancrage de toute information nécessite une activité mentale plus intense.

Et surtout c'est compenser une faiblesse : n'est-il pas absurde de laisser en l'état une faiblesse sous prétexte qu'elle est « naturelle » ?

- Croire que sous prétexte que l'enfant est « visuel », il peut se dispenser de mettre des mots, du discours, sur les signes non verbaux.

Or plus de langage, c'est plus de conscience du sens !

LE SENS EST DANS LES SIGNES !

Cherchons les indices…

Les signes, par définition, portent un sens. Ils signifient quelque chose avec rigueur et précision. L'enfant doit énoncer VERBALEMENT les significations avec la même rigueur = il en fait une TRADUCTION en mots.

…pour mieux penser !

Plus ces signes reçoivent de sens par la parole, qu'elle vous soit adressée oralement ou qu'elle soit produite « à voix haute dans sa tête » (= DISCOURS INTÉRIEUR CONSCIENT), et plus l'intelligence et la mémoire sont activées dans un même temps.

On peut alors :

- comprendre ce qu'on doit mémoriser ;
- développer sa capacité à mémoriser en s'exerçant à la construction du sens ;
- utiliser un outil bien construit.

PRUDENCE ***Un seul mot manque quand l'enfant récite sa leçon et l'utilisation de l'outil risque d'être compromise.***

EXEMPLE (CM1)

LA FORMULE

Calcul du périmètre du rectangle :

(longueur + largeur) × 2

LA MÉDIATION

Chercher les indices pour habituer l'enfant à* TRADUIRE EN MOTS *les signes mathématiques.

• le signe + (= UNE ADDITION) ;
• la parenthèse (= LA MESURE DE LA LONGUEUR ET LA MESURE DE LA LARGEUR DU RECTANGLE FORMENT UN ENSEMBLE) ;
• le signe × (= une MULTIPLICATION).

Puis demandez-lui d'énoncer la formule par une phrase complète.

R. Pour calculer le périmètre d'un rectangle, je dois additionner la longueur et la largeur du rectangle ; et cette somme, je dois ensuite la multiplier par 2.

EXEMPLE

L'ORTHOGRAPHE D'USAGE

Thermomètre

LA MÉDIATION

Chercher les indices pour habituer l'enfant à* ANCRER DANS SA MÉMOIRE *les bonnes lettres du mot.

Questions : *Quelle difficulté repères-tu pour bien écrire ce mot ? Reconnais-tu un mot qui le compose ? Connais-tu des mots qui contiennent le mot-composant thermo ? Sais-tu quel sens il porte ? (idée de chaleur).*

Dis-toi dans ta tête (= PROJET MENTAL) : *« Je vais observer toutes les lettres du mot* thermomètre *dans leur ordre* POUR *les mémoriser. »*

Et maintenant, dis-toi ce que tu entends – tous les sons – et les lettres qui correspondent à ces sons.

R. Pour écrire le mot *thermomètre,* je dois ajouter *h* au *t* pour faire le son [t] ; *-er-* pour le son [èr], un accent grave sur le e pour le son [è] et un seul *t* pour le son [tre].

LES BONS OUTILS

▶ Son attention doit être portée en priorité vers l'élément difficile. Mais ne considérez pas que les autres lettres vont de soi !

▶ N'hésitez pas à lui faire dire et redire la règle !

EXEMPLE

LA CONJUGAISON

Je rêverai, tu rêveras…

Vous faites

LA MÉDIATION

Chercher les indices pour habituer l'enfant à* JUSTIFIER *les formes verbales.

Le futur se construit avec l'infinitif, auquel on ajoute les terminaisons *-ai, -as…* Donc j'écris…

Faites-lui énoncer les difficultés d'une conjugaison irrégulière AVANT DE LA RÉCITER.

LES BONS OUTILS

▶ Faites de la PRÉVENTION : *« dis-moi la difficulté que tu as repérée dans cette conjugaison »* (= L'ATTENTION EST ORIENTÉE À L'AVANCE SUR LE PIÈGE !)

EXEMPLE (CM1)

LE SCHÉMA (L'APPAREIL RESPIRATOIRE)

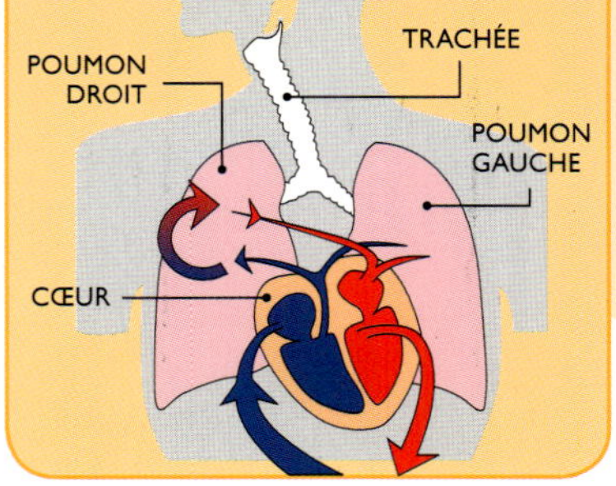

LA MÉDIATION

***Chercher les indices pour habituer l'enfant à* TRADUIRE EN MOTS les signes du dessin.**

Aidez-le à raconter ce que le dessin lui montre : *Je vois que, en traversant les poumons le sang bleu devient rouge parce qu'il reçoit de l'oxygène* (= TRADUCTION) *. Il passe ensuite par le cœur, qui l'envoie vers les organes. Je vois que quand il remonte, il est bleu parce qu'il est chargé de dioxyde de carbone, rejeté par les organes : c'est un déchet. Il remonte jusqu'aux poumons et là ça recommence : c'est pour ça qu'on dit « circulation sanguine ».*

LE BONUS

Double chance de mémoriser : la voie visuelle se double de la voie du discours. Souvenez-vous que plus tard, il sera de plus en plus amené à rédiger…

atelier **06**

LA DICTÉE

SAVOIR ACCOMPAGNER POUR… s'interroger sur les liens qui mettent les mots en relations logiques, appliquer les règles des accords et de conjugaison = maîtriser l'orthographe grammaticale.

ATTENTION : PARASITES !

■ L'enfant raisonne, mais avec des outils erronés : *« J'écris : "elle voie des nuages", parce que c'est elle qui voit, c'est féminin. »*

■ Dans une suite de mots, le dernier écrit absorbe sa conscience : *« J'écris : "le lion de la jungle les chasses", parce que les, c'est les gazelles, c'est au pluriel. »* Il sait cette remarque juste, ce qui précisément l'empêche de s'interroger sur le sujet du verbe conjugué.

■ Quand des mots en relation (sujet/verbe, nom/adjectif) sont trop éloignés, l'enfant perd le fil du sens !

LES FAUSSES BONNES PRATIQUES DE MAMINE

■ L'inévitable injonction : *« Et fais attention ! »* L'enfant est perçu comme étourdi, en difficulté de concentration ou, pire, d'application des règles : *« C'est comme s'il ne les savait plus ! »*

Or il ne demande pas mieux que d'être attentif ; mais sans savoir COMMENT l'être !

■ Lui laisser croire qu'il pourra se corriger en relisant.

Or combien de fautes ne sont pas vues à la relecture !

■ Pour une dictée préparée, le faire travailler seulement sur les objectifs de la leçon.

Or cette sélection focalise sa conscience sur les « mots de tous les dangers » aux dépens du reste, évalué tout autant !

Le but de cet accompagnement est qu'il apprenne à orthographier correctement au moment même où il écrit : raisonner et écrire en simultané.

LE SENS EST DANS LES MOTS !

Cherchons les indices…

Dicter des phrases, c'est demander à l'enfant de repérer les *« mots qui vont ensemble »* et établir les liens qui construisent le sens. Lui donner à voir que le changement des terminaisons montre ces liens. Tous les mots ici sont des indices, par leur sens (= *« à quel mot apportent-ils une information ? »* est une question-clef), par leur nature et par leur rôle dans le groupe.

Cependant mettez l'accent sur la présence de certains MOTS-INDICES très utiles pour raisonner juste :

- *Les, des, plusieurs, quelques, deux, trois…*quand ils *vont avec* un nom (= DÉTERMINANTS DU NOM) → situation de pluriel ;
- *De, à, pour* quand ils *vont avec* un verbe (= PRÉPOSITIONS) → infinitif ;
- *Avoir* et *être*, quand ils *vont avec* un verbe (= AUXILIAIRES) → participes passés.

…pour mieux penser !

On peut alors :

- interroger les situations grammaticales = RAISONNER ;
- orienter son action avant d'écrire = ANTICIPER ;
- se donner la règle-outil à appliquer, les bonnes lettres-terminaisons.

Cela constitue un DISCOURS INTERIEUR : habituez l'enfant à « se parler » pour développer sa capacité à bien penser, et le rendre AUTONOME. Il aura ainsi de bons réflexes.

■ N'acceptez pas qu'il s'exprime de façon imprécise : *« Elles dorment : dorment, c'est elles, c'est -nt »* ! Mais exigez : *«* dorment *est le verbe* dormir, *il est conjugué (= il "va") avec le sujet 3ᵉ personne du pluriel* elles, *donc je mets la terminaison* -nt *».*

CE QUI EST NOMMÉ AVEC RIGUEUR PRODUIT UNE PENSÉE CONSCIENTE : « Je sais ce que j'ai à faire, et au nom de quoi. » Ce discours conscient déclenche chez l'enfant le souvenir de ses apprentissages, et fait « revenir » la règle-outil appropriée.

PRUDENCE ***Paresseux et capricieux : l'esprit a vite fait d'oublier les bonnes manières ! Obligez l'enfant à énoncer à voix haute les règles qu'il applique.***

EXEMPLE

« C'est très amusant de grimper aux arbres ! »

1) Redis la phrase (reformule son sens) en commençant par « grimper aux arbres »

2) Invente plusieurs phrases avec un sujet différent qui sera qualifié d'amusant. Ex. : mon petit frère est amusant ; les clowns sont amusants, se balancer est amusant…

LA MÉDIATION

***Chercher les indices pour habituer l'enfant au* RAISONNEMENT GRAMMATICAL.**

Q. Quelle est la nature du mot *amusant* ?

R. C'est un adjectif.

Identifie le mot qui s'entend par le son (è).

R. Le verbe *être* à la 3e personne du singulier.

Q. Donc à quel mot correspond le son (s) qui le précède ?

R. Il s'agit du pronom démonstratif ce (= cela).

Q. Quel indice repères-tu pour t'orienter vers la bonne orthographe de la terminaison du verbe grimper ?

R. La préposition *de*.

Q. Quelle règle est concernée ?

R. Après une préposition, le verbe se met à l'infinitif.

Q. Qu'en déduis-tu pour sa terminaison ?

R. On écrit -er.

Q. Quel mot t'indique comment écrire la terminaison du mot *arbres* ?

R. *Aux*, c'est un déterminant pluriel = « à les ». Il faut donc mettre un s à *arbres*.

LES BONS OUTILS

▶ Montrez-lui que l'orthographe est une affaire de sens.

EXEMPLE

« Une fois arrivés à l'écurie, les chevaux doivent être étrillés. »

LA MÉDIATION

***Chercher les indices pour habituer l'enfant à* ANTICIPER.**

– Redis la phrase.

– Identifie la nature de *à* en fonction du sens de l'information qu'il te donne.

R. Préposition = le lieu où les chevaux arrivent.

Q. Quel mot t'indique comment tu dois orthographier la terminaison de *arrivés* ? R. *Chevaux*

Q. En écrivant *les chevaux*, quel choix fais-tu pour les mots suivants ?

R. Mettre le verbe à la 3e personne du pluriel, et l'adjectif *étrillés* au pluriel.

Q. Quel est le mot qui t'indique la nature et l'orthographe de *étrillés* ?

R. Le verbe *être*. *Étrillés* est donc un participe passé accordé avec le sujet *chevaux*.

EXEMPLE

« La vieille dame se promenait souvent seule et tenait dans ses mains du pain séché pour les oiseaux. »

LA MÉDIATION

***Chercher les indices pour habituer l'enfant à* SE PARLER.**

Q. Que peux-tu te dire en entendant le son du mot se *(promenait)* ?

R. Le mot est-il devant un verbe ou un nom ?

Q. Avant de les écrire, quelles questions peux-tu te poser sur les mots :

SEULE : avec quel mot il va ? quelle est sa nature ? qu'est-ce qu'on en déduit ?
TENAIT : quel est le sujet de ce verbe ? à quelle personne est-il donc conjugué et à quel temps ?
SES : quelle information apporte-t-il ? quelle est sa nature ? (adjectif possessif)
SÉCHÉ : à quel mot est-il relié ?
R. Le pain EST séché.

LES BONS OUTILS

▶ **–é ou –er ?** une situation dangereuse !

Au point que l'on recourt à une « astuce » : *remplacer par le verbe « prendre »*. Or, c'est une « béquille » pour l'enfant, souvent source d'erreur et qui l'empêche de raisonner.

LE BONUS

Cette pratique développe L'ATTENTION et L'AUTONOMIE. L'enfant y gagne de la CONSCIENCE GRAMMATICALE, essentielle pour la compréhension des textes.

atelier **07**

L'APPLICATION D'UN SAVOIR

SAVOIR ACCOMPAGNER POUR... **utiliser ses connaissances, réussir leurs applications dans des situations nouvelles (= vérification des acquis)**

ATTENTION : PARASITES !

■ L'enfant a bien appris sa leçon. Il l'a même bien comprise. Cela n'implique pas nécessairement qu'il *reconnaisse* dans une nouvelle situation *l'outil à utiliser.*

Sachons-le : les enfants sont nombreux à avouer, dans une relation de confiance : «Je me dis rien...». Sentiment de vide dans la tête, qui s'organise en habitude comportementale : fuite devant le travail.

■ Si pourtant il sait quel outil utiliser, il peut se tromper au moment de son application, car son attention se porte sur une autre question. *«J'ai pas fait attention»*, dira-t-il alors.

■ L'esprit de l'enfant est bien souvent brouillé par une crainte automatique, posée en préalable à toute action : *«Je sais pas!»*, qui se décline aussi en question adressée à son accompagnant : *«Comment faut faire, là?»*

■ Dans les situations *«Ne pas confondre»*, au moment d'utiliser un savoir-outil, il s'emmêle! Il sait, par exemple, qu'il ne faut pas confondre *à* et *a,* mais au dernier moment il ne sait plus lequel porte l'accent.

LES FAUSSES BONNES PRATIQUES DE MAMINE

■ Se dire qu'il va forcément chercher le bon outil, parce qu'il est l'objet même de la leçon du jour!

Or les informations restent souvent séparées, dans l'esprit de l'enfant.

■ Lui dire de relire sa leçon avant d'intervenir.

Or il a l'illusion qu'il la connaît, ou bien relit sans en reprendre consciemment le sens, ou bien encore il n'ose pas dire qu'il ne l'a pas comprise.

Le savoir peut exister en «CONTRE-SENS», du fait d'une croyance erronée, qui n'a aucune chance de se défaire sans votre intervention!

■ Le renvoyer seul à sa leçon à la première erreur dans l'exercice.

Or s'il n'a pas su appliquer, c'est peut-être que le savoir existe de façon mal structurée dans son esprit.

LE SENS EST DANS LES MOTS!

Cherchons les indices...

Les indices sont ceux que l'on a travaillés pour construire le sens des savoirs, que l'enfant a donc eu à mémoriser «par cœur».

Face à une situation nouvelle qui met en jeu l'un ou l'autre de ces savoirs, c'est le moment pour lui de se redire mentalement, à un mot près, l'INFORMATION-OUTIL : la définition, la règle, la démarche à suivre conseillée, la formule...

...pour mieux penser!

Puisque se parler «tout haut dans sa tête» (= être conscient), c'est orienter son action, entraînez l'enfant le plus possible à ce DISCOURS INTÉRIEUR, par lequel il peut maîtriser la situation qu'on lui impose. Il est le remède au vide dans la tête, à cette instabilité de son esprit qui vous inquiète, à l'inattention qui risque de devenir rapidement une habitude...

Voici la démarche à tenir pour appliquer un savoir :

- Quel est le savoir dont on veut vérifier l'acquisition?
- De quel outil j'ai besoin?
- Je me redis la définition de cet outil.
- L'enseignant nous a prévenus de certains pièges : lesquels? est-ce qu'ils se trouvent dans ces nouvelles situations?
- Je contrôle ce que je dois écrire en me demandant, à chaque application : l'outil est-il bien utilisé?
- Si je veux vérifier ce que j'ai écrit, je le fais en gardant bien conscient dans ma tête ce que l'outil exigeait que je fasse (= SAVOIR AU NOM DE QUOI UNE RÉPONSE EST JUSTE OU FAUSSE).

PRUDENCE

Le savoir à appliquer doit être reformulé avec une compréhension parfaite : ne vous laissez pas abuser par : «Je sais, mais j'sais pas le dire»...

EXEMPLE

APPLIQUER UNE RÈGLE : *a* ou *à* ?

Exercice :
Ma cousine est partie … la plage : elle … beaucoup de chance !

LA MÉDIATION

Chercher les indices pour aider l'enfant à* RETROUVER LE SENS *des savoirs et à faire du* DISCOURS INTÉRIEUR *une habitude mentale.

• Je me redis la règle : « *a* est la 3e personne du singulier du verbe *avoir* (= POSSÉDER), il n'a pas d'accent comme la lettre *a* du mot *avoir.* »

À partir du CM1 : « *à* est une préposition. »

• Quelle information m'apportent les mots *à la plage* ?

« C'est là où va ma cousine », c'est le lieu. Ce n'est pas le verbe avoir, je mets donc un accent sur *à* (= RAISONNER).

• Quel est le sens de *a* dans l'expression *elle a de la chance* ?

« Elle possède de la chance. » Donc, c'est le verbe avoir (*a* sans accent).

LES BONS OUTILS

▶ Aidez-le à faire le choix EN FONCTION DU SENS. Ne dites pas : *« il suffit que tu remplaces par* avait *» !* Rappelez-vous : l'orthographe est affaire de sens. C'est le sens qui détermine les outils avec lesquels il doit observer et raisonner.

Quand l'enfant apprend le *a* auxiliaire (= MOT-OUTIL POUR CONJUGUER) du verbe (au participe passé) aux temps composés, entraînez-le avec cette question : *a* sert-il à conjuguer un verbe ?

EXEMPLE

APPLIQUER UNE DÉMARCHE

Le savoir :
LES GRANDS NOMBRES

La consigne :
encadre chaque nombre entre le précédent et le suivant selon l'exemple :
81 326 / 81 327 / 81 328
… / 42 735 / …
… / 24 099 / …
… / 200 000 / …

LA MÉDIATION

Chercher les indices pour aider l'enfant à* RETROUVER LE SENS *des savoirs et à faire du* DISCOURS INTÉRIEUR *une habitude mentale.

• Quelle est la situation mathématique ? Une suite de grands nombres dans l'ordre croissant (= OBJET D'APPRENTISSAGE).

• J'observe l'exemple : les nombres changent au dernier chiffre, chiffre des unités, dans un ordre croissant de gauche à droite (= INDICE).

• Je dois donc soustraire une unité au nombre à gauche et ajouter une unité au nombre à droite du nombre encadré (= LA DÉMARCHE).

EXEMPLE

APPLIQUER UN SAVOIR DE CULTURE GÉNÉRALE

Le savoir :

L'EAU, LES BOISSONS SONT DES LIQUIDES

Il faut les mettre dans des récipients pour les garder. On dit que la surface d'un liquide est plane et horizontale.

La consigne :
les récipients sont posés sur une table inclinée. Ils sont remplis d'eau jusqu'au point. Trace la surface de l'eau dans chacun des récipients.

LA MÉDIATION

Chercher les indices pour aider l'enfant à* RETROUVER LE SENS *des savoirs et à faire du* DISCOURS INTÉRIEUR *une habitude mentale.

• Sur quelle leçon je suis interrogé ? Les liquides.

• Qu'est-ce qu'on me demande de tracer ? La surface de l'eau dans les différents récipients.

• Qu'est-ce que j'ai appris sur la surface de l'eau ? (= LE SAVOIR). Elle est plane et horizontale.

• Je dois donc tracer une ligne horizontale passant par le point dans chaque récipient.

LE BONUS

L'enfant sera VALORISÉ *dans ses efforts d'apprentissage et* RASSURÉ *sur ses capacités.*

atelier **08**

LE TEXTE DOCUMENTAIRE

SAVOIR ACCOMPAGNER POUR… **bien lire les leçons d'histoire, géographie, éducation civique, sciences, comprendre, apprendre et savoir restituer les informations qu'elles contiennent.**

Vous devez donc avoir bien en tête les énoncés présentés dans LE BIEN-LIRE[01]*. N'hésitez pas à y revenir!*

ATTENTION : PARASITES!

■ C'est un simple constat : l'enfant n'aime pas apprendre une leçon. Sentiment de contrainte, ennui, crainte de l'échec à venir, mauvaise image de soi, rejet du texte… : autant d'obstacles à l'activité de l'intelligence et de la mémorisation.

■ À l'inverse, l'enfant peut aborder sa leçon avec un sentiment de sécurité : *«Je la connais déjà!»*. Ce sentiment de «déjà vu» peut malheureusement ne pas lui rendre service, il se dispensera de faire le travail qui développe les compétences à l'apprentissage.

Soyez vigilant sur sa maîtrise des mots qui vous semblent faciles.

■ Il apprend sans s'interroger sur le sens des mots.

■ Les consignes de l'évaluation ne lui paraissent pas correspondre à ce qu'il a appris. Il n'y reconnaît pas le sens de la leçon : le problème se situe dans la manière dont il a appris.

LES FAUSSES BONNES PRATIQUES DE MAMINE

■ Demander à l'enfant de réciter les phrases par cœur juste après l'apprentissage.

Or il récite trop souvent grâce à sa mémoire immédiate.

■ Lui conseiller d'écrire sa leçon.

Or, cette pratique n'est efficace QUE SI l'enfant travaille les mots qu'il retranscrit.

À défaut, le geste devient vite un simple recopiage, sans activité consciente.

■ Accepter qu'il énonce les informations dans une mise en mots approximative et lui redonner vous-même «les mots justes», croyant qu'ils vont s'inscrire automatiquement dans sa mémoire.

Or c'est le travail sur les *mots justes* qui est le fondement même de la compréhension des informations.

■ Croire qu'il a compris l'enchaînement logique des faits.

Or le travail sur le sens logique, qui articule les informations successives, est le second fondement de leur compréhension.

LE SENS EST DANS LES MOTS!

Cherchons les indices…

C'est le moment de revenir attentivement au LE BIEN-LIRE[01] : ce qui est présenté sur la page de gauche vaut tout particulièrement pour l'apprentissage des leçons de culture générale : les textes présentent les faits de façon à la fois savante (vocabulaire spécifique) et simplifiée (raccourcis logiques, ellipse d'informations intermédiaires). Votre accompagnement sera le bienvenu!

…pour mieux penser!

Le bien-lire permet à l'enfant de penser le sens des informations qui sont étrangères à son univers immédiat : les faits éloignés de son temps, de son espace et de son environnement familier.

▶ La relation cause → effet! Elle structure essentiellement ce type d'informations. Le guider dans le travail des signes (mots, ponctuation) est une bonne façon de l'aider à développer son intelligence rationnelle.

PRUDENCE ***Un seul mot lui échappe et c'est tout l'ensemble que l'enfant ne comprend pas.***

EXEMPLE (CE1)

TEXTE DE SCIENCES NATURELLES

LES ÊTRES VIVANTS DANS LEUR MILIEU. — Un milieu est le lieu naturel où vivent des animaux et des végétaux. La mer, un lac, une rivière sont des milieux aquatiques ; la forêt, une prairie, le sol sont des milieux terrestres. Dans un milieu, les êtres vivants se mangent entre eux. Ils dépendent les uns des autres : on dit qu'ils forment une chaîne alimentaire. En hiver, la végétation, plus rare, ne suffit plus à nourrir les animaux. Certains alors partent vers des pays chauds : c'est la migration ; d'autres dorment profondément jusqu'au retour des beaux jours : c'est l'hibernation.

LA MÉDIATION

Chercher les indices pour former l'enfant à :
• POINTER LES ÉLEMENTS ESSENTIELS *du texte;*
• «PENSER» LES ENCHAÎNEMENTS LOGIQUES.

Q. Titre : à quelles informations t'attends-tu en lisant le titre de la leçon ?

Q. Quels mots de la première phrase reprennent le titre ?

R. *Animaux* et *végétaux* (= ÊTRES VIVANTS) ; *vivent* (= VIVANTS).

Q. Quelle information aimerais-tu avoir ensuite ?

Q. En quoi les mots *aquatiques* et *terrestres* qualifient-ils les noms qui les précèdent ?

R. *Aqua-* (= EAU) et *terre-*

Q. 3e phrase : qu'apprends-tu ?

R. Comment les êtres vivants se nourrissent.

Q. 4e phrase : à quelle expression précédente correspond : *ils dépendent les uns des autres* ? R. *Entre eux.*

Q. Relie le mot *chaîne* et le mot *alimentaire* aux indices qui annonçaient la formule (= DÉFINITION).

R. *Chaîne* = ils dépendent les uns des autres. *Alimentaire* = MANGENT.

Q. 5e et 6e phrases : à quoi te préparent *hiver* et *rare* ?

R. À expliquer pourquoi les animaux manquent de nourriture.

Q. 6e phrase : quel petit mot t'indique qu'il y a une relation de cause à effet entre l'information qu'elle te donne et la précédente ? R. *Alors.*

Q. Que peux-tu donc penser que signifie *migration* ? Connais-tu des mots de la même famille ?

Q. À quel mot précédent correspond le mot hibernation ? R. *Hiver.*

Q. Quelle idée commune contiennent pays chauds et beaux jours ? R. La chaleur.

• Demandez-lui ensuite de construire les questions qui pourront lui être posées dans des exercices d'évaluation :

R. — Qu'appelle-t-on le *milieu* ? (est = DÉFINITION)

— Quels sont les différents types de *milieu* ?

— Quelles sont les deux informations contenues dans *chaîne alimentaire* ?

— Pourquoi les animaux migrent et où vont-ils ? ou hibernent-ils ? Et qu'attendent-ils ?

LES BONS OUTILS

▶ Ces questions sont aussi celles de l'enseignant pour évaluer l'apprentissage d'une leçon !

LE BONUS

Outre le développement de sa compétence intelligente et donc de sa mémoire, l'enfant sera beaucoup mieux préparé à comprendre ce qu'on attend de lui dans les tests d'évaluation. Et donc à donner les réponses appropriées ! Il POURRA AINSI MONTRER QU'IL A APPRIS SA LEÇON…

atelier 09

LE TEXTE LITTÉRAIRE

SAVOIR ACCOMPAGNER POUR... repérer et interpréter les composants de l'histoire, répondre aux questions destinées à en vérifier la compréhension.

Cette situation concerne l'enfant à partir du CM1.

Pour l'enfant plus jeune, toutes les médiations précédentes lui permettront de devenir à son tour un bon lecteur d'histoires !

ATTENTION : PARASITES !

■ Inutile d'insister sur l'aspect répulsif de la lecture personnelle chez certains enfants !

Et il en est de même pour son attention quand vous lisez pour lui. Certains détails sont retenus, d'autres plus importants, se sont dissipés...

■ La lecture active consciente subit naturellement des variations : il est difficile de les percevoir chez l'enfant en train de lire à voix haute à côté de vous.

LES FAUSSES BONNES PRATIQUES DE MAMINE

■ Lui faire relire quand il a mal déchiffré, en oubliant de lui demander d'exprimer ce qui est dit (= INTENTION DE L'AUTEUR). On a tendance à rester fixé sur la lecture-déchiffrage !

Or si l'objectif de la compréhension reste conscient, malgré un premier déchiffrage difficile, l'enfant échappera à la mauvaise habitude de lire sans comprendre.

Solliciter le DÉSIR DE COMPRENDRE est toujours intéressant.

■ Croire qu'il « stocke » le souvenir des informations au fur et à mesure qu'il lit.

Or, sans activité interrogative consciente sur le contenu de sens, avec l'accumulation, les informations sont mal stockées dans la mémoire.

■ Croire que s'il déchiffre correctement, il a compris les sens dans le même temps.

Or la lecture-déchiffrage et la lecture-compréhension ne procèdent pas de la même activité.

LE SENS EST DANS LES MOTS !

Cherchons les indices...

Gardez bien en mémoire ce qui a été présenté dans LE BIEN-LIRE (01) et LE TEXTE DOCUMENTAIRE (08).

Lire un texte littéraire n'est pas lire un texte documentaire :

- toutes les significations ne sont pas également importantes ;
- l'envie de savoir la suite est une motivation bien plus forte ;
- l'enchaînement des informations obéit à toute la gamme des relations logiques.

Il est demandé à l'enfant de répondre à des questions posées sur un texte : c'est un excellent exercice ! Il lui est dit qu'elles sont destinées à en vérifier la compréhension.

Sachez utiliser cet exercice *avec une autre logique* : il ne s'agira pas de vérifier la compréhension une fois la lecture faite, mais bien au contraire de l'assurer avant que la lecture ne se fasse !

Car les indices sont DANS LES QUESTIONS elles-mêmes. Bien décodés AVANT DE LIRE LE TEXTE, ces indices guident la lecture, orientent l'interprétation, donnent à voir ce qui serait noyé dans la masse des informations.

...pour mieux penser !

Le bon lecteur, là encore, s'approprie les intentions de l'auteur. Il entre en contact avec sa pensée inventive et imaginative.

- Il faut que l'enfant dès l'école primaire découvre — et soit convaincu — que l'auteur en écrivant tel mot, telle formule, l'a fait INTENTIONNELLEMENT. Son travail est d'*écrire*, c'est-à-dire de mettre les mots au service de ses intentions.

PRUDENCE ***Un seul mot lui échappe et c'est tout l'ensemble que l'enfant ne comprend pas.***

EXEMPLE (CM2)

CHARLIE BUCKET

Bien sûr les Bucket ne mouraient pas de faim, mais tous (…) allaient et venaient du matin au soir avec un sentiment de creux terrible dans la région de l'estomac.

Et c'est Charlie qui le ressentait plus fort que tous les autres. Ses parents avaient beau se priver souvent de déjeuner ou de dîner pour lui abandonner leur part, c'était toujours insuffisant pour un petit garçon en pleine croissance… mais ce qu'il désirait par-dessus tout… c'était… DU CHOCOLAT…

Une fois par an seulement, le jour de son anniversaire, Charlie Bucket avait droit à un peu de chocolat. Toute la famille faisait des économies en prévision de cette fête exceptionnelle, et, le grand jour arrivé, Charlie se voyait offrir un petit bâton de chocolat pour lui tout seul. Et à chaque fois, en ce merveilleux matin d'anniversaire, il plaçait le bâton avec soin dans une petite caisse de bois, pour le conserver précieusement comme une barre d'or massif; puis pendant quelques jours, il se contentait de le regarder sans même oser y toucher. Puis, enfin, quand il n'en pouvait plus, il retirait un tout petit bout de papier, du coin, découvrant un tout petit bout de chocolat; et puis il prenait ce petit bout, juste de quoi grignoter, pour le laisser fondre doucement sur sa langue. Le lendemain, il croquait un autre petit bout, et ainsi de suite. C'est ainsi que Charlie faisait durer plus d'un mois le précieux cadeau d'anniversaire qu'était ce petit bâton de chocolat à deux sous.

(Charlie et la chocolaterie, *Roald* DAHL, *Gallimard*)

Questions posées sur le texte : vrai ou faux?

1) Charlie mange du chocolat deux fois par an.

2) Les Bucket sont pauvres.

3) Charlie ne meurt pas de faim.

4) Charlie finit son bâton de chocolat en 2 jours.

Relève les passages montrant que la situation de Charlie est difficile à vivre; et ceux qui montrent que le petit bâton de chocolat a une très grande valeur pour Charlie et sa famille.

Quels mots désignent l'anniversaire de Charlie comme un grand moment?

Par quels mots comprend-on que Charlie est un petit garçon très sage?

LA MÉDIATION

Chercher les indices pour montrer à l'enfant comment se préparer à :

- **BIEN COMPRENDRE *le texte à la première lecture;***
- **IDENTIFIER LES PASSAGES *contenant les réponses aux questions posées.***

Dites-lui :

— Les questions contiennent les indices du sens du texte. Ce sont les INTENTIONS DE L'AUTEUR.

— Donne-toi ces significations avant de lire le texte, en pratiquant le «bien-lire» des consignes.

— Quand tu repèreras, au fur et à mesure de ta lecture, les passages concernés, souligne-les au crayon à papier et écris à côté le numéro de la question.

— Ensuite, tu rédigeras tes réponses, en les justifiant par la citation de ces passages.

LES BONS OUTILS

▶ Finie la lecture-survol! L'enfant gagnera un TEMPS PRÉCIEUX pour mieux rédiger ses réponses.

LE BONUS

L'enfant comprend : il est plus motivé pour lire! La masse de mots apparaît de moins en moins comme un ennemi ou un monstre indomptable… S'il mémorise mieux les mots (= plus de CONSCIENCE*), il profite mieux de ses lectures : il enrichit son vocabulaire, et «imprime» le texte écrit pour en produire à son tour.*

atelier**10**

LE BIEN-ÉCRIRE

Note

Cette situation concerne l'enfant à partir du CM1. Pour l'enfant plus jeune, toutes les médiations précédentes lui permettront de devenir à son tour un bon rédacteur de textes.

SAVOIR ACCOMPAGNER POUR... **utiliser le bien-lire, développer la maîtrise de la production écrite.**

ATTENTION : PARASITES!

■ Beaucoup d'enfants connaissent la phobie du passage à l'écrit : ne pas savoir quoi écrire, ne pas savoir *comment* écrire ce qu'on a envie de dire, détester voir ses phrases surlignées de rouge, ses mots barrés; ces corrections disqualifient jusqu'à leur pensée, leur imagination et leur sensibilité...

Spontanéité qui s'organise vite en habitude, difficilement réductible avec les années !

■ *«J'écris comme ça»* : le «comme ça» traduisant bien l'absence même de travail préalable sur les mots avant toute production.

■ On constate aussi que l'enfant a du mal à introduire ses connaissances de vocabulaire dans ses propres textes : *«J'pense pas à mettre ces mots».*

■ On constate à l'inverse qu'il peut renoncer à employer des mots de langage soutenu, ou des images, par crainte de se distinguer des autres, et d'être la cible de leurs moqueries.

LES FAUSSES BONNES PRATIQUES DE MAMINE

■ *«Écris ce que tu veux, ce qui te passe par la tête!»* (pratique souvent utilisée pour qu'*«au moins, il écrive un peu»!*).

Or l'enfant se trouve face à une liberté qui peut complètement inhiber son inspiration!

Et on le voit tourner à vide dans sa tête, des minutes entières... Désolation assurée pour son accompagnant!

■ Lui suggérer des informations à produire (= INTENTIONS DE SENS) : *«Tu n'as qu'à dire...».*

Or, vous n'éviterez pas qu'il vous réponde : *«Alors qu'est-ce que je dis?»* pour signifier : *«Avec quels mots je peux le dire?»* Et surtout vous le dispensez de construire ses propres idées, relatives aux consignes et à la situation narrative.

■ Croire que, parce qu'il maîtrise correctement les outils de la langue (types de phrases, conjugaison, constructions grammaticales...), sa production écrite sera respectueuse des règles.

Or rappelez-vous, il n'applique pas nécessairement ce qu'il connaît ! Les connaissances restent un savoir abstrait.

C'est que l'enfant n'est pas entraîné au travail conscient sur les mots des autres, travail qui structure sa compétence à produire lui-même du texte.

LE SENS EST DANS LES MOTS!

Cherchons les indices...

Cette fois, les indices sont à... produire soi-même! Parfois, la consigne précise des mots à utiliser. Mais il faut écrire... tout le reste tout seul!

C'est le travail régulier du bien-lire, les productions bien écrites, qui permettent peu à peu de développer la compétence au bien-écrire.

L'enfant doit *puiser dans ses réserves*. Et ses réserves seront d'autant plus pleines et disponibles qu'il aura travaillé *les mots des autres*, toutes disciplines confondues.

C'est-à-dire qu'au cours d'une activité mentale faite d'observation, d'interrogation et de raisonnement conscients, il aura donné aux mots leur nature, leur rôle; il aura compris leur assemblage, et interprété leurs intentions de sens.

On apprend aussi par IMPRÉGNATION. C'est ce processus ici qui est en jeu.

...pour mieux penser!

- Rappelez-vous : apprendre les mots c'est apprendre à penser.
- Ainsi, apprendre les mots c'est produire plus de pensée.
- C'est produire une pensée qui contient plus de significations.
- Et plus de pensée, à son tour, provoquera le désir de plus de mots.

PRUDENCE **Cette pratique est un bon complément du travail scolaire. Mais veillez bien à employer avec l'enfant, au quotidien, ses nouveaux acquis de langage!**

MODÈLES DE MÉDIATION

EXEMPLE (CM2)

HISTOIRE

Bien que François Ier gagne la bataille de Marignan en 1515, les guerres d'Italie sont des échecs. Cependant les Français vont découvrir des monuments richement décorés, et admirer de magnifiques œuvres de peinture et de sculpture : ils ramèneront en France ce goût artistique, et ce sera la Renaissance.

LA MÉDIATION

***Chercher les indices pour amener l'enfant à acquérir une* BONNE ORGANISATION LOGIQUE**

Demandez à l'enfant :

Q. Quels mots contiennent des informations qui s'opposent ?

R. *Échecs ; richement ; magnifiques.*

Q. Quel mot prouve le lien d'opposition ?

R. *Cependant.*

Q. Que veut donc te faire comprendre l'auteur du texte ?

R. Que les guerres d'Italie n'ont pas été seulement négatives ; elles ont aussi apporté de bonnes choses.

Puis, proposez-lui différentes situations :

Ex. : — Une dispute avec un ami ; cependant…

— L'orage empêche un pique-nique ; cependant…

Et demandez-lui de rédiger deux ou trois lignes sur le modèle du texte d'histoire.

LES BONS OUTILS

▶ Montrez-lui que quand on parle ou écrit, on VEUT dire quelque chose et se faire comprendre ; c'est L'INTENTION DE SENS.

EXEMPLE (CM1)

ÉDUCATION CIVIQUE

Un cycliste doit rester maître de sa bicyclette et évaluer les risques dus à l'état de la route (gravillons, trous…) ou aux conditions météorologiques.

LA MÉDIATION

***Chercher les indices pour amener l'enfant à acquérir* UN BON VOCABULAIRE.**

Demandez à l'enfant :

Quel est le sens contenu dans ces mots et expressions : *rester maître de ; évaluer les risques ; dus à ; l'état* (au sens où il est ici employé : manière d'être).

Utilise-les pour d'autres situations, dans une phrase complète.

Comment nommeras-tu (= LE MOT JUSTE) désormais l'ensemble des phénomènes qui caractérisent le temps qu'il fait, à un moment donné ?

LES BONS OUTILS

▶ Montrez-lui que tout type de texte sert à travailler l'expression écrite.

EXEMPLE (CM2)

LECTURE

Lia se trouvait dans un immense jardin émaillé de fleurs si splendides que, n'en ayant jamais vu de pareilles, elle comprit qu'elle n'était pas sur la terre et que, si elle n'était pas encore au ciel, elle était du moins dans quelque planète intermédiaire. De grands et magnifiques papillons aux ailes d'or et d'azur voltigeaient de fleur en fleur : du calice des roses et des lis s'élançaient des jets d'eau… qui formaient des arcs-en-ciel aux vives nuances.

(L'homme sans larmes, *Alexandre Dumas, Contes*)

LA MÉDIATION

***Chercher les indices pour habituer l'enfant à* METTRE DES MOTS sur son monde imaginaire.**

Dites à l'enfant :

Raconte-moi pourquoi les expressions soulignées apportent de nombreuses significations, et donnent vraiment à imaginer le jardin ? Et toi, l'imagines-tu tel qu'il est décrit par Alexandre Dumas ?

Choisis un autre décor : champ, montagne l'été, falaise au-dessus de la mer ou forêt. Que veux-tu donner à imaginer (= INTENTION DE SENS) à ton lecteur ? Et avec quels mots vas-tu l'exprimer pour qu'il imagine ce que tu as dans ta tête ?

Puis rédige un texte selon le modèle.

LE BONUS

L'enfant commence à se dire que, lui aussi, il peut COMPRENDRE les autres et SE FAIRE COMPRENDRE.

L'ACCOMPAGNANT RÉCOMPENSÉ

Mamine est devenue un MÉDIATEUR LINGUISTIQUE : elle sait maintenant comment sensibiliser son petit-fils Pierre à l'usage des mots, à leur rôle fondamental dans l'acte de comprendre et d'apprendre, à leur omniprésence dans l'activité de la pensée.

Comme elle, vous allez peut-être considérer désormais l'aide aux devoirs à la maison comme une véritable chance : beaucoup plus que simple témoin, vous serez acteur à part entière de la transformation de votre enfant.

En aidant l'enfant à grandir, l'accompagnant « grandit » aussi ! À votre tour, vous allez bénéficier des pratiques de la médiation linguistique.

Mais cette tâche d'accompagnant, que vous accomplissez sans faillir, vous procurera aussi quelques avantages personnels.

Votre inquiétude sur ses capacités sera apaisée en comprenant mieux pourquoi il n'y arrivait pas, ce qui manquait pour que ses efforts soient utiles et pourquoi il se bloquait tandis que vous le poussiez à réfléchir. En partant avec lui à la recherche du sens, en interrogeant avec lui les mots pour qu'ils lui livrent leurs secrets, vous ne vivrez plus ces conflits qui ruinent la relation et qui génèrent si souvent, chez l'enfant, le dégoût de l'apprentissage et la mauvaise estime de soi.

Surtout, vous constaterez que vous allez bénéficier de cette méthode... pour vous-même ! En aidant l'enfant à grandir, l'accompagnant « grandit » aussi. Vous vous surprendrez un jour à mettre en pratique la médiation linguistique pour votre propre compte.

Ne craignez plus ce qui vous paraissait difficile, éloigné de vos habitudes et que vous laissiez aux autres, plus cultivés ou plus habiles que vous à penser et à parler. La prochaine fois que vous devrez lire, non sans quelque réticence, un rapport professionnel, un article de journal sur un sujet peu familier, ou que vous serez tenté par le dernier essai d'un philosophe de la vie moderne, soyez donc votre propre accompagnant !

Achevé d'imprimer en janvier 2014
sur les presses de Printcorp

N° d'édition : 1311009
Dépôt légal : février 2014

Imprimé en France